Library of
Davidson College

Music and Theatre in France

in the 17th and 18th Centuries

AN AMS REPRINT SERIES

DE LA CORRUPTION
DU GOUST
DANS LA
MUSIQUE FRANÇOISE

AMS PRESS, INC.
NEW YORK, N.Y.

DE LA CORRUPTION
DU GOUST
DANS LA
MUSIQUE FRANÇOISE.

Par M. BOLLIOUD DE MERMET, *de l'Académie des Sciences & des Belles Lettres de Lyon, & de celle des Beaux Arts de la même Ville.*

A LYON,

De l'Imprimerie d'AIMÉ DELAROCHE, Imprimeur-Libraire ordinaire de l'Académie des Beaux Arts.

M. DCC. XLVI.
AVEC PERMISSION.

Library of Congress Cataloging in Publication Data

Bollioud-Mermet, Louis, 1709-1793.
    De la corruption du goust dans la musique françoise.

(Music and Theatre in France in the 17th and 18th centuries)
    Reprint of the 1746 ed. published by A. Delaroche, Lyon.
    1. Music, French—History and criticism. I. Title.
II. Series.
ML270.3.B68   1978   781.7′44   76-43907
ISBN 0-404-60150-2

781.7
B692d

Reprinted from the edition of 1746, Lyon
First AMS edition published in 1978

Manufactured in the United States of America

AMS PRESS, INC.
NEW YORK, N.Y.

80-7720

DE LA CORRUPTION
DU GOÛT
DANS LA
MUSIQUE FRANÇOISE.

*Nihil videatur fictum, nihil sollicitum.....
Sed hoc pati non possumus, & perire Artem
putamus, nisi appareat: cùm desinat Ars esse,
si apparet....... Cura derogat affectibus, &
ubicumque Ars ostentatur, veritas abesse videtur.*
Quintilian. lib. 4. c. 3. lib. 10. c. 4.

N peut dire, avec vérité, que les Arts ont fait depuis deux Siécles des progrès considérables. Les Modernes ont enchéri sur les Anciens ; & nos fameux Artistes n'ont

pas moins brillé en perfectionnant les découvertes de leurs prédécesseurs, que lorsqu'ils ont fait usage de leurs propres idées. En effet, jamais on n'a vû tant de génie pour la correction, pour l'imitation, pour l'invention.

Cependant, d'où vient que de tant d'Artistes il en est si peu qui approchent de la vérité, & que le plus grand nombre est de ceux qui s'en éloignent? La raison est, qu'ils tendent au même but par des routes différentes; que la plûpart négligent de suivre la seule qui y conduit; & que, dans la vuë de surpasser les plus habiles, ils se fraïent de nouveaux sentiers dans lesquels ils s'égarent.

Or, ce qui arrive dans la profession des Arts en général, est facile à remarquer dans la Musique de notre Siécle. On ne fit jamais tant d'efforts pour perfectionner un Art qui entre dans

dans la Musique Françoise. 5
l'éducation des jeunes gens, qui fait les délices des Nations policées, qui fournit un amusement noble & légitime, un délassement même nécessaire aux hommes les plus sérieux & les plus occupés. Mille Auteurs nous étalent à l'envi leurs productions nouvelles : ceux qui les exécutent se disputent avec chaleur l'avantage d'exceller dans l'expression.

Oserai-je néanmoins le dire, au nom des Amateurs de la véritable Harmonie, & peut-être à la honte de notre tems ? Le Goût en ce genre tend à sa décadence, pour ne pas dire qu'il y est déja parvenu.

Il semble qu'on s'éloigne à dessein du vrai, du beau simple, du naturel. La contagion gagne insensiblement ; la dépravation du Goût devient générale.

Je pense donc, que ce seroit travailler véritablement à la perfection des Arts,

que de les préserver des abus qu'intro‑
duisent ceux mêmes qui prétendent les
perfectionner. Les Sociétés Académi‑
ques destinées à faire fleurir les Arts,
peuvent s'occuper aussi utilement à les
maintenir dans les bornes qu'exige le
point de leur perfection, qu'à multi‑
plier, souvent sans succès, les essais &
les découvertes.

C'est ce que je vais tâcher de faire à
l'égard de la Musique, qui éprouve de
nos jours des changemens capables de
la dégrader, & de lui faire perdre son
objet & ses agrémens.

Considérons donc le Musicien, soit
qu'il compose ou qu'il exécute : suivons‑
le dans l'exercice de sa profession :
comparons sa méthode avec celles des
plus grands Maîtres, ses moyens avec
la fin qu'il doit se proposer; &, par les
nouveaux effets qui résultent de ses

efforts, voyons si au lieu de tendre à la perfection de son Art, il ne s'en éloigne point. Par ce moyen nous découvrirons les causes de son erreur, & les suites qui annoncent dans la Musique Françoise une décadence inévitable.

PREMIERE PARTIE.

De la Corruption du Goût dans la Composition de la Musique.

LA première fonction du Musicien est la Composition : s'il veut exceller dans son Art, il faut nécessairement qu'il soit Harmoniste par régles & par principes. Les qualités les plus indispensables du Compositeur sont le génie, la méthode, le goût.

Le but qu'il doit se proposer dans son travail, est d'imiter la nature, de flater l'oreille, de toucher, d'élever le cœur ; d'exciter à son gré les passions ; de donner de l'ame, de l'expression à ses Chants ; de les rendre nouveaux & variés, par les tours, par le beau choix des chordes & des sujets ; d'exprimer avec justesse, avec élégance le sens des paroles, s'il compose de la Musique vocale ; de prêter, pour ainsi dire, des paroles aux sons, & de la vie aux chordes, s'il travaille pour l'Instrumentale, en imitant par des traits vifs & animés, le tendre, le naturel de la voix.

En un mot, son objet principal doit être d'émouvoir & de plaire ; de peindre d'après nature les mouvemens de l'ame, les affections du cœur ; de varier ses modulations de telle sorte que son Harmonie satisfasse l'oreille, & soit avoüée par la raison.

Telle fut l'intention des grands Maîtres

tres en ce genre. Tels furent les moyens qu'ils employèrent pour exceller. Lulli, que nous proposons hardiment pour le modéle de la Musique théatrale, nous a fait goûter dans ses Ouvrages les charmes séduisans de l'Harmonie. Le beau tour de ses chants, la noblesse, la force de son expression, sa manière aisée & naturelle de moduler, le caractère de ses Symphonies, la mélodie de ses Récitatifs, les graces naïves de ses Ariettes, & la belle ordonnance de ses Chœurs, lui attireront à jamais le titre de l'Orphée de notre Siécle.

Tout plaît dans sa Musique, tout charme, tout intéresse. La nature s'y exprime naïvement : l'Art s'y cache habilement. Il y régne, je ne sçais quel air de décence & de dignité peu commun au théatre. Tout y paroît si aisé, si coulant, qu'on seroit tenté de ne lui tenir aucun compte de son travail : tant on est persuadé, par le naturel de ses compositions, qu'elles lui ont peu coûté.

Je l'admire sur tout dans la préférence qu'il a donné au genre Diatonique, dans la scrupuleuse sobriété avec laquelle il a usé du Chromatique. La Poësie, dans ses mains, prend une nouvelle force ; la noble simplicité de ses expressions enchérit sur les images & sur les figures du Poëte.

Mais, si l'exemple de cet habile Maître ne suffit pas pour rappeller en nous les sentimens du vrai Goût prêts à s'éteindre, tâchons de les ranimer en jettant les yeux sur un autre modéle bien digne de l'estime des connoisseurs.

Lalande, quoique dans un autre genre, peut être comparé à Lulli, & semble même l'emporter sur lui à quelques égards. Je ne parle pas de l'avantage de travailler pour le Temple du Seigneur ; car rien n'est au-dessus de la gloire d'un Musicien qui excelle dans cette sorte de composition, & qui fait retentir les voûtes du Sanctuaire de l'assemblage de ses accords.

Lalande sentit toute la noblesse de cette fonction, & il nous la fait sentir dans ses Ouvrages. Tout y est grand, relevé, majestueux, sublime. Le Roi Prophéte s'y fait reconnoître par des traits inimitables.

Tantôt on entend le pécheur demander grace : les accens qu'il porte vers le Ciel sont si touchans, que le Musicien semble pour lors disputer de zéle & de force avec le plus pathétique Prédicateur : tantôt l'ame juste répand dans le sein de son Créateur la joie qu'elle a de le connoître, de le servir ; elle épuise toutes les modulations de l'Harmonie pour célébrer ses loüanges, & pour publier ses bienfaits.

Le Musicien réussit si heureusement dans les divers sentimens qu'il peint, qu'on l'oublie pour ne plus penser qu'à se livrer aux mouvemens qu'il exprime.

Un Récit affectueux pénétre de dévotion; un Chœur également spécieux par la noblesse de son Sujet, & par l'Art avec lequel il est traité, inspire de grandes idées des merveilles du Très-Haut, de la gloire des Saints, des délices du Ciel.

Ici, une Symphonie hardie & travaillée, annonce la colère de Dieu, la terreur de ses menaces, les effets de sa vengeance; on se sent ébranlé, saisi d'effroi: là, tout est employé à exalter ses miséricordes; on est attendri, touché, consolé.

De pareils coups de pinceau ne peuvent partir que d'une habile main : des traits de cette nature font des impreſſions qui ne s'effacent pas ; effet ordinaire de la bonne Muſique, dont les Chants ſe gravent dans la mémoire, & éterniſent le Compoſiteur.

La Muſique inſtrumentale a eu auſſi ſes Coryphées. Senallié, Marais, Couperin, & pluſieurs autres, ſe ſont diſtingués dans la compoſition des Piéces & des Sonates. Le bon goût régne dans ces Ouvrages : chaque Inſtrument y trouve le caractère qui lui eſt propre avec les avantages qui le diſtinguent des autres, & qui les raſſemblent tous néanmoins pour former les Concerts.

Voilà une légère idée du degré de perfection qu'avoit acquis la compoſition de la Muſique dans ces derniers tems.

Mais, qu'on s'apperçoit bien que le Goût dégénère insensiblement ! que dans la vûe de perfectionner cet Art, on le dégrade peu à peu : qu'à force de rafiner, de réformer, on a changé si considérablement la constitution de notre Musique, qu'on diroit qu'à cet égard nous avons cessé d'être François, ou que nous avons été transportés dans une autre région !

La Mode s'est introduite dans la Musique aussi bien qu'ailleurs. Elle y exerce un empire absolu. Ce qui touche le cœur, ce qui séduit l'ame n'est plus de saison. On admire ce qui est bizarre, ce qui est singulier, ce qui surprend, ce qui étonne. On n'est guères sensible à ce qui remue, à ce qui flate.

L'Harmonie la plus naturelle & la plus complette est moins touchante, au sentiment de la pluralité, qu'une Composition chargée de travail, hérissée de difficultés, qui se réduit à faire beaucoup plus de bruit que d'impression.

Le Compositeur ne songe qu'à faire du neuf, & pour y réussir il met tout en usage. Il choisit des Sujets d'un chant bizarre & trivial, persuadé qu'il les embellira à force d'y mêler des traits, des variations, & des fredons. Il sacrifie volontiers la noblesse, la simplicité de l'expression, à quelques saillies échapées à l'imagination que le bon Goût desavoue, mais que l'amour de la nouveauté fait hazarder.

L'on s'accoutume, en composant, à négliger les Régles, à forcer les Caractères, à tordre le sens des paroles, à faire plus d'attention à un mot qu'à l'intelligence entière d'une phrase, à répéter sans discrétion un tour de chant qui cesse de plaire à force d'être entendu, à prodiguer sans ménagement le fard, l'artifice, le rafinement.

L'imitation de la nature est un chemin trop battu, un moyen usé & trop commun. Le génie du siécle consiste à se livrer à tout ce qui ne ressemble à rien. Si le Musicien copie la nature, c'est moins pour faire usage des images nobles & riantes qu'elle nous offre, que pour montrer ce qu'elle a de laid & de bizarre. Il affecte d'imiter le cri des animaux les plus vils, ce qu'il y a de plus commun, de plus difforme dans les effets naturels; ensorte que le mauvais choix des modéles fait tort au mérite de l'imitation.

On ne cherche plus à tirer des Voix & des Instrumens ce qu'ils peuvent produire de flateur. On ne pense point à les faire paroître avec avantage. On travaille au contraire à étendre les bornes

des

dans la Musique Françoise. 17

des uns, à reculer l'étendue des autres. On prend plaisir à forcer les limites de la Voix ; à toucher des tons dans les extrémités où les plus étenduës font défectueuses : comme des téméraires qui abandonneroient le bon chemin pour se promener au bord des précipices. On fait exécuter à ces Voix des intonations bizarres & détournées, des passages, des batteries réservées aux Violons.

L'on se met peu en peine si une roulade convient au son de la voyelle, ou à la signification du mot sur lequel elle porte, ou au sens de la phrase, pourvû qu'on exerce à son gré le gosier d'une *Cantatrice.*

On s'embarrasse peu de donner à la Voix des accompagnemens favorables. La mode est de charger les partitions de symphonies ; d'accabler la Voix qui chante, au lieu de la soutenir.

C

Le genre diatonique n'eſt plus ſupportable ; trop conforme à la nature il cauſe des nauſées à nos Muſiciens modernes : il faut l'aſſaiſonner de diſſonances, & l'on ne les épargne pas. Il en eſt de la Muſique, comme du goût des Viandes ; à force de s'accoûtumer à ces aſſaiſonnemens, tout devient fade & inſipide, parce que le goût eſt dépravé. Les diſſonances deſtinées à relever les accords naturels, qui ſervent d'ombre, pour ainſi dire, aux conſonances, & qu'on n'emploïoit autrefois qu'avec ſobriété, ſont prodiguées de telle ſorte, qu'elles forment aujourd'hui le fond principal de notre Muſique : & ſouvent les Accords, en faiſant frémir l'oreille, frémiſſent entr'eux de la bizarrerie de leur aſſemblage.

Auſſi ne devons-nous pas nous étonner du peu d'impreſſion que produit cette

Musique. Ce sont des sons qui frapent l'air, des traits qui amusent l'oreille, mais il n'en reste rien pour le cœur ; on n'en conserve aucune idée, aucune trace. Dans les moindres choses la Musique panche vers son déclin. On ne voit plus de ces Airs tels que ceux de Lambert & de du Bousset, où l'élégance & le sentiment brilloit ; où la nature s'exprimoit d'un ton si naïf & si aimable. On ne cesse de se plaindre aujourd'hui de la rareté de ces petites Piéces fugitives, qui faisoient les délices des gens de goût : ce qui paroît à présent en ce genre, est, ou grossier, ou bizarre, ou insipide.

Ces Chants sophistiqués, ces Modulations barbares, ce travail artificieux & multiplié, loin de prouver l'abondance du génie, en montrent la disette : car rien n'est si facile que de faire du neuf, quand on prend à tâche de s'éloigner des routes frayées par les habiles Maîtres.

La Musique du Sanctuaire n'est pas à l'abri de ces abus : la fureur de la mode s'y glisse comme sur le Théâtre & dans les Concerts. Le faux goût, encore plus blâmable ici que par tout ailleurs, introduit jusqu'aux pieds des Autels des Chants dénués de sentiment, d'élévation & de décence, des mouvemens qui conviendroient à peine aux Théâtres comiques.

Rien ne nous y rappelle à la piété. Des paroles saintes, profanées par d'indignes sons, font souvent retentir nos Temples.

La plûpart des Compositeurs de la Musique Latine pourroient, à juste titre, faire l'aveu que Madame de Sévigné met dans la bouche de Lulli, lorsque surpris d'entendre chanter dans une Eglise un Récit de ses Opéra, auquel on avoit ajusté des paroles pieuses, il disoit; *Pardonnez-moi, Seigneur : je ne l'avois pas fait pour vous.*

En effet, là, où tout devroit nous élever à Dieu, nous trouvons des objets de distraction, & de simple amusement. Là, où la Musique doit imiter les Chœurs des Anges, elle nous fait quelquefois entendre des Chœurs si bruyans, si remplis de cris & de fracas, que nous serions en peine d'avoir une autre idée des Chœurs des Démons.

Quel succès peut-on raisonnablement attendre d'une pareille Musique ? où la mode, la fantaisie, l'inconstance donnent le ton ? où le Goût dicté par la nature, cultivé par les plus habiles, est négligé ?

Mais si la composition de la Musique reçoit des changemens qui la dégradent, elle éprouve encore dans l'exécution une altération plus considérable.

SECONDE PARTIE.

De la Corruption du Goût dans l'exécution de la Musique.

Pour juger de la décadence du Goût à l'égard de l'exécution de la Musique, il convient de faire réflexion qu'il n'en est pas de cette partie de notre Art, comme de la première. Pour la perfection de celle-ci, la méthode, le Goût suffisent; le génie y a peu de part.

Par cette raison la Corruption du Goût y est plus à craindre, & plus générale, parce qu'elle est plus facile. L'Ecrivain est gêné, & n'ose pas hazarder toutes les libertés que se permettent les Musiciens qui exécutent. Les Régles le contraignent encore, & l'obligent à suivre les traces des fameux Artistes : au lieu que le Musicien exécutant substituë son goût à celui de l'Auteur, employe à son gré, & impunément, toutes les variations que son caprice lui suggére : Abus très-commun dans ce Siécle.

Le vrai Goût demande cependant que celui qui exécute, suive à la lettre l'intention du Compositeur ; qu'il entre par son expression dans l'esprit de la Piéce composée, dont tout le mérite dépend de la manière avec laquelle elle est renduë. C'est une espéce d'infidélité, que l'oreille sçavante ne pardonne point, que d'ajouter, retrancher, falsifier la Musique d'autrui ; c'est ce que font hardiment la plûpart de nos Musiciens.

Ils viennent à bout d'altérer la plus saine Harmonie, la Mélodie la plus flateuse, & cela par trois défauts dans l'exécution, dont ils s'applaudissent comme s'ils eussent trouvé des moyens de perfection.

J'adresse ceci surtout à ceux qui professent la Musique instrumentale : ce reproche leur convient plus directement. Ils péchent le plus souvent par la hauteur excessive du ton, par la vîtesse outrée des mouvemens, & parce qu'ils dénaturent le caractère propre de chaque Instrument.

Il y a eu de tout temps un ton fixé pour l'accord des Instrumens de Musique. Il fut déterminé de telle sorte que les voix des enfans, des femmes, ainsi que celles des hommes, y trouvassent leur étenduë dans le haut & dans le bas, sans être cependant génées. La construction & le diapazon des Instrumens ont été pris sur ce modéle. L'on a cru devoir toujours s'y conformer jusqu'à présent.

La

DANS LA MUSIQUE FRANÇOISE. 25

La raison de cela est, que les Voix, comme les Instrumens, ne sçauroient former que des sons sourds & inapréciables, lorsqu'ils passent les limites assignées dans les tons graves; qu'ils forment des sons aigres & choquans pour l'oreille; lorsqu'ils vont au-delà des bornes des tons aigus.

D'ailleurs, si l'on n'étoit pas convenu d'un ton qui donnât une étenduë naturelle à chaque partie, il auroit été impossible de former des Concerts de Voix & d'Instrumens.

On trouve cependant aujourd'hui le moyen de renverser cet ordre que la nature avoit rendu nécessaire. On éloigne les limites fixées aux Voix & aux Instrumens. La mode est de s'étendre surtout dans le haut, extrémité la plus desagréable à l'oreille.

Il résulte néanmoins de cette nouveauté deux grands inconvéniens.

D

Comme les Voix extrémement hautes font rares, & rarement belles dans les derniers sons aigus, les Musiciens qui portent dans l'accord des Instrumens le ton plus haut que le naturel, & qui élévent, en composant, les parties au-dessus de leur portée, font paroître à découvert l'extrémité la plus défectueuse des Voix ordinaires.

Le gosier étant plus serré dans les tons hauts, les fibres de la glotte plus tendues, l'air frapé plus violemment, produit des sons forcés, quelquefois moins justes, & toujours contre le naturel.

On ne chante plus par ce moyen, on crie : ce ne sont plus des sons pleins & moileux d'une Voix libre dans son étenduë ; ce sont des clameurs, des gémissemens.

Le même excès préjudicie aussi à l'Harmonie instrumentale. La Physique nous apprend que plus une Chorde est tenduë, moins elle est susceptible de ces vibrations propres à former l'Harmonie. La hauteur du ton produit des ébranlemens plus violens, des secousses plus promptes, des battemens plus fréquens: mais, par cette raison, le corps sonore reçoit moins d'impression des mouvemens de la Chorde tenduë ; & plus cette tension excéde les loix naturelles, moins la Chorde ébranle le corps sonore, & par conséquent elle opère moins d'effet.

Voilà à quoi aboutit l'excès de la hauteur du ton dans l'exécution de la Musique, que quelques Musiciens prétendent rendre par ce moyen plus brillante.

Que dire de la longueur excessive du tems qu'ils employent à s'accorder entr'eux dans les Concerts ? de ces Préludes sans fin, où les Symphonistes, chacun sur un mode différent, fatiguent l'Auditoire par leurs essais, & lui font acheter bien chérement le plaisir qu'il attend ? A quoi bon cette confusion de sons, & cette cacophonie ? L'ordre, le silence ne contribueroient - ils pas davantage à faire prendre un accord plus juste, & en beaucoup moins de temps ? Il suffiroit pour cela de toucher quelques Chordes à petit bruit, & l'oreille ne seroit pas lassée, étourdie, avant que d'être satisfaite.

Mais, si nos Musiciens portent dans l'accord des Instrumens le ton au-delà de ses limites, ils ne franchissent pas moins hardiment les bornes du mouvement. Tout est précipité dans la mesure, comme tout est forcé dans le ton.

L'on exige de la legereté des Voix, des traits, des roulemens que le Violon trouveroit difficiles. On altère tous les mouvemens. A force de doubler les vîtesses, on en est venu à ne plus connoître le lent & le grave ; & pour garder quelque proportion entre les différentes mesures, il a fallu nécessairement rendre plus legers les mouvemens lents & modérés, pour battre extrêmement vîte les mouvemens gais.

Faut-il s'étonner si la parfaite précision est si rare ! Ne doit-on pas s'attendre à voir échoüer pour l'ordinaire dans l'exécution ceux qui ont le plus d'exercice & d'habitude ?

Enfin, la manière nouvelle de toucher les Instrumens, les déguise si fort, qu'on n'y reconnoît presque plus la différence de leurs caractères.

Examinons attentivement un Musicien qui joüe des Sonates dans le nouveau goût : Nous verrons que des quatre Chordes de son Violon, il ne touche presque que les deux Chanterelles. La plus haute sur tout est celle sur laquelle il s'exerce par préférence. Il quitte toute l'étenduë de son Instrument; & méprisant, pour ainsi dire, les tons sonores qu'il y trouveroit, il s'attache à tirer des sons aigres, souvent faux, d'une Chorde que le démanchement a réduite à deux pouces de longueur.

On admire cependant les efforts qu'il fait, comme des prodiges de l'Art. On diroit, à le voir, qu'il a fait une gageure, où il s'est engagé en dépit de l'oreille & du Goût, à grimper au-delà des bornes du manche. Les applaudissemens l'encouragent de plus en plus à affronter le voisinage périlleux du Chevalet; & tous ses succès se terminent à faire rendre à une Chorde racourcie des sifflemens plutôt que des sons.

L'ambition de briller lui fait prendre

DANS LA MUSIQUE FRANÇOISE. 31

un ton si excessif, que des Chordes d'une grosseur naturelle n'y tiendroient pas ; & qu'il est obligé de monter son Violon, pour ainsi dire, avec des cheveux, des Chordes qui donnent des sons maigres, dont l'Harmonie n'a rien de mâle ni de nerveux.

D'ailleurs, c'est une chose trop commune que de joüer à la lettre la Note écrite. On veut broder, fredonner, montrer de la main, de l'exécution, du travail. On n'est plus jaloux que de la fausse gloire de se familiariser avec des vîtesses épineuses, & de braver les difficultés. La rapidité des traits notés ne suffit pas; il faut la redoubler. Il n'est plus question de toucher, ni de plaire; il faut étourdir, étonner.

Un Musicien vient à bout dans son Jeu de rendre toute la Musique semblable. Il embarrasse, il envelope tellement le sujet de la Piéce par des tours hazardés, & des ornemens superflus, qu'on ne le distingue plus. Il joüeroit dix Sonates, qu'on croiroit entendre la même ; parce que ces tours sont sous ses doigts, & qu'il les place indifféremment par tout.

Dès-lors plus de Chant, plus de Mélodie. Ces ornemens sont des épines, qui par leur abondance étouffent les fleurs : ce sont des graces fardées qui ne brillent que d'un faux éclat : des traits ébauchés dont l'image est bientôt effacée par d'autres, & dont l'assemblage n'est, à dire vrai, qu'un vain étalage d'harmonieuses bagatelles, qu'une ambitieuse cacophonie.

Ambitiosa ornamenta, nugæque canora.
Hor. Art. Poët.

La Musique hérissée de difficultés est si uniquement recherchée, qu'on est
dans

dans l'abus de penser que l'oreille tient compte d'un travail & d'un effort qui font même souffrir les yeux. On seroit tenté de croire que celui qui exécute ainsi la Musique, est un Criminel condamné à cet exercice pour sa punition; mais si ce n'est ici qu'une fiction, pourquoi faut-il qu'il joüe dans la réalité pour le supplice de ceux qui l'entendent?

Que deviendra donc le beau talent de la justesse, de la précision, si estimables dans cet Instrument? L'Art de tirer des sons fermes & nourris, ne sera donc plus de saison, & cédera la place à celui de rendre le Violon impraticable à la plûpart des exécutans, & fastidieux aux amateurs?

Tel est l'abus qu'on fait aujourd'hui du caractère de tous les Instrumens. La Flute, dont la propriété consiste à former des mouvemens affectueux, & des sons soutenus, est employée maintenant à articuler des batteries & des roulades. Les accens tendres & séduisans du fameux Marais semblent devenir insipides. La Viole veut joüer des dessus, & le Violon des basses.

L'Orgue nous fait entendre des tempêtes, des bruits de guerre & de chasse, des Sonates, des Symphonies théatrales. C'étoit autrefois un Instrument grave & majestueux, d'une Harmonie pleine & variée. Aujourd'hui l'on le prendroit, tantôt pour une Musette, tantôt pour une Vielle ; & l'Organiste semble se piquer de l'imitation des Instrumens les plus vulgaires, des Chants les plus rustiques, qu'on a même soin d'exclure des Concerts réguliers.

Son étude seroit trop bornée, si elle se réduisoit à perfectionner un Trio, à conduire avec art une Fugue, à caractériser une basse-Trompette, un Cromorne, une Tierce en taille.

Que dirons-nous du toucher du Clavecin ? quelle idée en auroit un Couperin s'il revivoit, en voyant les subtilités puériles dont on s'est avisé d'orner le jeu de cet Instrument ? Les Piéces de sentiment sont négligées. La légéreté de la main a son mérite, mais elle l'emporte si fort sur l'expression dans l'esprit de nos Musiciens, qu'ils oublient que la perfection du Clavecin consiste aussi dans la tendresse, dans la propreté, dans la délicatesse du toucher. Nos grands Maîtres s'attachoient à lier leur jeu : nos Modernes, au contraire, ne s'étudient qu'à détacher les sons, & à rendre par conséquent leur jeu sec sur un Instrument, qui n'a déja que trop ce défaut par lui-même.

La nature présente la main droite

pour les deſſus, & la gauche pour les baſſes: mais cet uſage eſt ſuranné. On croiſe maintenant les mains pour joüer les deſſus de la main gauche, & les baſſes de la droite. Ce changement réjoüit les yeux par ſa ſingularité, quoique l'oreille n'y gagne rien; & ces tours d'adreſſe ſi vantés, ne reſſemblent pas mal à ceux des Joüeurs de Gobelets dont la ſubtilité fait tout le prix.

Où en ſommes-nous donc venus? & depuis quand la Muſique eſt-elle faite pour trahir l'oreille & ébloüir la vuë? Le Muſicien ne dégrade-t-il pas ſon Art, lorſqu'il y joint les frivoles talens d'un Saltinbanque?

Il n'eſt pas juſqu'aux Inſtrumens les plus communs dont on ne déguiſe le caractère, ſous prétexte de les perfectionner. La Vielle, la Muſette, propres à la Muſique champêtre, ſortent de l'espéce qui les caractérise. Destinées à la Pastorale & à la Danse, elles entrent dans les Symphonies régulières ; & tandis qu'on ôte le sérieux & le tendre à la Flute, à la Viole, on transporte ces caractères sur des Instrumens rustiques, où le pathétique & l'affectueux pleure, & devient ridicule.

Tandis qu'on s'efforce vainement de faire valoir des Instrumens si bornés, on laisse perdre l'usage des plus estimables. Le Luth, le Théorbe si nobles, si propres à l'accompagnement, sont supprimés ; & l'on ne peut attribuer cette suppression qu'au faux goût du temps.

C'est donc là le point de dégradation, où le rafinement a conduit la Musique ? Nous ne sommes plus, il est vrai, dans les Siécles où l'on la mettoit au rang des choses importantes.

Les Spartiates * condamnèrent autrefois à l'amende & à la peine de l'Oſtraciſme le Muſicien Thimothée, parce que pour enchérir ſur Simonides, il avoit fait quelque augmentation de Chordes à la Lyre. La Republique le jugea puniſſable d'avoir introduit une nouveauté ſuperflue, qui changeoit la forme & la nature de la Muſique Lacédémonienne.

Les altérations que quelques Artiſtes cauſent à notre Muſique, n'intéreſſent pas aſſez ſérieuſement le Public, pour mériter des châtimens. Les révolutions des Arts deſtinés aux plaiſirs des hommes, font un léger préjudice à la Société, & reſtent dans l'ordre des choſes indifférentes.

Mais l'amour du vrai, les charmes de la belle ſimplicité, le cri de la nature,

* Boët. de Muſ. *lib.* 1. *cap.* 1. Pauſan. *lib.* 3. Athen. *lib.* 14.

l'autorité des grands Maîtres, l'expérience & le témoignage des sens devroient préserver la Musique des vicissitudes qui la dégradent. On ne peut opposer pour toute punition aux Musiciens novateurs que le ridicule de leurs innovations. C'est, je pense, le moyen le plus sûr de ranimer le bon Goût qui s'éteint.

Tout ce que je viens d'exposer à l'égard des travers où se jèttent les Musiciens de nos jours, sert à découvrir les vraies causes de la Corruption du Goût dans la Musique Françoise. Je les réduis à trois articles.

On change notre Musique de forme. Premièrement, parce qu'on veut faire du neuf; car nous ne pouvons dissimuler ici l'amour excessif de notre Nation pour la nouveauté & le changement. Il semble parmi nous que le génie pour les Arts ne doive la facilité de l'invention, & le bonheur des succès, qu'à notre inconstance naturelle. On cherche, pour nous plaire, quelque chose qui réveille, qui surprenne. Les tours de l'Harmonie sont usés; on veut en forger de nouveaux. L'usage du Diatonique vieillit; on prétend se distinguer en frayant des routes détournées, des sentiers escarpés. On donne la torture à l'imagination pour enfanter des Chants, pour inventer des combinaisons d'accords; pour lier, pour enchaîner, par de nouveaux traits, les Modulations.

On s'exerce la Voix par les passages les moins usités pour acquérir de la légereté. Jusqu'à présent les Instrumens imitoient les accens de la Voix : maintenant c'est la Voix qui cherche à imiter les Instrumens dans les batteries, dans les vîtesses, dans la bizarrerie des intonations.

L'on

DANS LA MUSIQUE FRANÇOISE. 41

L'on accoutume la main sur l'Instrument à des positions génantes, à des situations forcées, à des progressions épineuses, à des modes transposés : Et tout cela pour ne rien faire de ce qui a été fait ; fût-il cent fois plus conforme à la nature, & plus agréable à l'oreille.

Secondement, on change notre Musique de forme, parce qu'on n'a plus d'attrait que pour le difficile. Tout ce qui est aisé est rejetté avec dédain ; comme si la Musique flateuse n'avoit pas ses difficultés ; comme si le degré de plaisir qu'elle nous procure se mesuroit sur la peine qu'elle coûte, & qu'il ne pût s'acheter qu'à ce prix.

Que ceux qui aiment les difficultés, comprennent une bonne fois, qu'une cadence bien battuë, un port de Voix bien filé, un son bien enflé, est incomparablement plus difficile que tous les

F

fredons, & plus digne de leur étude.

> *Turpe est difficiles habere nugas ;*
> *Et stultus labor est ineptiarum.*
> Martial.

S'il étoit question d'introduire des nouveautés, j'aimerois bien mieux qu'on inventât quelques Méthodes qui tendissent à faciliter les progrès de l'Art, plutôt que d'essayer par mille efforts d'en multiplier les obstacles.

Enfin, l'on change la forme de notre Musique, parce qu'on aspire trop à l'imitation des Etrangers. C'est là l'écueil de nos Musiciens. Le Goût Italien les séduit tellement, qu'ils le répandent sans discernement dans leur jeu & dans leurs compositions. Ils prêtent même souvent aux Italiens, en voulant les imiter, des défauts qu'ils n'ont pas. La bonne Musique Italienne n'est point si bizarre qu'on nous la suppose. Corelli nous servira d'exemple. Cet excellent Homme a mis lui seul dans ses Oeuvres plus d'Harmonie, plus de ces beaux Chants dictés par la nature, qu'on n'en trouveroit peut-être dans toutes les Sonates de nos Harmonistes. Ils font un mélange bizarre & mal assorti du Goût François & de l'Italien : tandis qu'ils négligent de faire valoir le premier, comme le talent que la naissance leur a donné, & pour lequel ils ont plus de dispositions. Car il ne faut pas se flater jusqu'au point de croire que nous imitions bien la manière Italienne : il ne nous est pas possible d'en juger. Mais les Italiens sentent bien la distance qui nous éloigne de leur génie, & de leur Goût qu'il nous sera toujours impossible de saisir.

Nous pouvons cependant nous former une idée du ridicule de cette fausse imitation, par celui que nous trouverions dans un Italien qui voudroit copier la Muſique Françoiſe. Il nous ſerviroit de riſée : portons de nous-même ce jugement. Au reſte, cette Nation eſt en ce point plus ſage que la nôtre. On n'entend pas dire, à parler généralement, qu'elle tende à nous imiter en ce genre.

D'où vient donc que le François fait ſi peu de cas de ſon Goût, qu'il lui préfére celui des Etrangers ? Chaque Peuple traite les Arts ſelon ſon génie. Laiſſons les Italiens avec leurs manières, ſans les trop admirer, ni les condamner ; & bornons-nous à maintenir, à perfectionner les nôtres.

Je vais répondre, en finiſſant, à quelques objections qu'on ne manquera pas de me faire.

„Le Siécle de Loüis XIV. me dira „quelqu'un, eſt donc à votre avis le

„ dernier période de la perfection de la
„ Musique ? Il faudra donc en rester
„ là, & ne plus penser à y rien ajouter ?
„ Cependant, en matière de Goût, les
„ temps varient à leur gré les usages :
„ l'on ne sçauroit rien déterminer à cet
„ égard, & les comparaisons d'un Siécle
„ avec un autre ne prouvent rien contre
„ le Goût dominant. "

Je réponds à cela, que je n'ai pas
prétendu assigner des bornes si étroites
aux progrès des Arts, ni faire tant
d'honneur au Siécle dernier que d'y fixer
l'époque & le terme de leur perfection.
Je conviens que la Musique sur tout, a
beaucoup acquis depuis ce tems-là, &
peut encore acquérir. Tant qu'il naîtra
des hommes, on verra de grands génies
en tout genre surpasser leurs devanciers.
Mais je fais cet aveu avec des restrictions.

Je dis qu'il y a un certain vrai dans

les Arts comme ailleurs, qui est de tous les temps, de tous les païs. La raison, la nature qui ne changent point, ont établi des loix, contre lesquelles les variations & les bizarreries qu'introduisent les Artistes, ne sçauroient prévaloir.

La Musique s'est, à la vérité, beaucoup perfectionnée depuis cinquante ans. Mais ce qu'elle a gagné du côté de l'exécution, elle semble l'avoir perdu du côté de la composition. La facilité, la légéreté dans le toucher des Instrumens ; la propreté, la méthode dans le Chant, sont augmentées considérablement. Les meilleurs Symphonistes d'autrefois trembloient à la première vuë d'une ouverture d'Opéra : & nos Musiciens dévorent aujourd'hui les Sonates les plus travaillées.

La Théorie de cet Art est aussi arrivée à un degré de perfection, qui le met de niveau avec les hautes Sciences. Jamais il n'y eut plus de lumière, ni plus de méthode dans l'Harmonie. Mais le point essentiel dans lequel notre Siécle péche, c'est le Goût ; c'est le vrai Goût. Or le tems où vécurent Lulli, la Lande, & quelques autres, est le tems, où la Musique, au sentiment des connoisseurs, a le plus approché de ce bon Goût, de ce vrai qui ne vieillit point. D'où il résulte, que si le Siécle dernier n'a pas atteint la plus grande perfection, il n'est pas moins vrai que le nôtre, en ouvrant des routes nouvelles, non-seulement n'avancera pas du côté de la vérité, mais qu'il s'en éloignera peu à peu.

On me demandera : Mais quel est ce Goût ? à quels signes certains le distingue-t-on ? Je répondrai que sans entreprendre de donner une définition courte & exacte du bon Goût en tout genre, je pense qu'à l'égard des Arts & de la Musique, le bon Goût est ce qui est conforme à la nature; ce qui est approuvé par la raison; ce qui n'est, ni outré, ni affecté; ce qui plaît à nos sens; ce qui séduit notre cœur; ce qui nous intéresse; ce en quoi nous ne trouvons rien qui nous choque, rien qui nous révolte; ce que les fameux Artistes ont le plus universellement pratiqué; ce que les vrais connoisseurs estiment. Tout ce qui n'a pas ces qualités ne peut être que de mauvais goût.

» Vous imputez, m'ajoutera-t-on,
» aux Maîtres de l'Art généralement,
» tous ces défauts dans la composition,
» ces nouveaux usages dans l'exécution
» de la Musique; & c'est plutôt aux
» Ecoliers, aux Musiciens peu renommés
» qu'il conviendroit de les reprocher? «
J'avoüe que ces derniers introduisent
plus

plus ordinairement ces abus que les Maîtres : mais ce que je ne puis pardonner à ceux-ci, est qu'ils suivent le torrent, qu'ils se laissent entraîner au faux sentiment qui domine, tandis qu'ils devroient, & qu'ils pourroient s'y opposer.

D'ailleurs, ce ne sont pas les défauts ordinaires contre la perfection de l'Art, que j'attaque : c'est la perfection même qu'on prétend lui donner ; ou, pour mieux dire, les moyens nouveaux qu'on met en usage pour y réüssir.

Or, qui est-ce qui doit travailler à perfectionner la Musique, si ce ne sont ceux qui s'y distinguent par leurs talens ? Il est inutile de les nommer, ces Maîtres estimables à d'autres égards, mais trop reconnoissables par leur facilité à se livrer aux caprices du Siécle.

«Quelqu'un, pour les excuser, me »répondra : Ils sont forcés à se livrer

» à ces caprices. On veut du neuf à
» tout prix ; ce qui reſſemble même aux
» plus grands modéles, eſt devenu fade
» & ennuyeux. «

J'accorde aux Partiſans du neuf, qu'il
faut que l'Artiſte mette de ſon génie,
de ſon invention dans ſes opérations;
qu'il évite d'être copiſte & plagiaire ;
qu'il crée de ſon propre fond des idées
nouvelles, des tours de Chants ſingu-
liers : mais ce n'eſt qu'aux conditions
que ces idées, ces tours de Chants, ces
inventions ſeront ſubordonnées aux loix
de la nature, & conformes au bon Goût.

Il faut faire du neuf, ſoit ; mais il
faut auſſi faire du bon, ou tout au moins
du raiſonnable ; & voilà le point de la
difficulté. Le beau & le nouveau ne ſe
rencontrant pas aiſément, on ſe conſole
de la privation du premier, par la décou-
verte du ſecond : comme ſi la nouveauté

d'une production pouvoit remplacer ses perfections les plus essentielles.

„Mais enfin, c'est le Goût du temps, „m'objectera quelqu'autre : on plaît, „dès qu'on s'y conforme ; & en ceci „tout est gagné, quand on est venu à „bout de plaire. «

Mais je demande : A qui plaît-on ? Est-ce aux véritables connoisseurs ? non sûrement. C'est à une multitude avide de nouveautés, incapable de consulter le sentiment, de distinguer le bon du mauvais.

Or on sçait assez, qu'en fait de Goût, ce n'est pas la multitude qui juge sainement. D'ailleurs je n'ai rien exagéré dans ma Critique : Je n'ai rien avancé dont je ne puisse trouver des témoins & des garands.

Car je ne parle ici que d'après les Amateurs expérimentés & intelligens; capables de savourer la saine Harmonie, de décider du mérite & des talens en ce genre : ils gémissent tous de voir la Musique dégénérer.

Au reste, si c'étoit là le Goût général, en seroit-il meilleur, puisqu'il est diamétralement opposé à celui du Siécle dernier ?

Et après tout, où aboutira la licence de ces excès, & la bizarrerie de ces usages, s'ils continuent à faire des progrès ? Que nous annonceroit ce changement, si non une décadence générale dans les Arts ? Ils ont entr'eux des rapports trop intimes, pour ne pas participer mutuellement aux variations qui les dénaturent.

Nous ne sommes déja que trop menacés de cette décadence. On ne recherche plus en tout que le superficiel & l'affecté : on séme par tout à pleines mains les faux brillans. L'Eloquence, la Poësie, l'Architecture ressentent depuis quelque-tems des atteintes d'altération bien sensibles.

Ce sont de nouvelles mœurs ; c'est une espéce de luxe, d'autant plus facile à s'introduire, qu'il est moins coûteux, & plus à la portée de tout le monde.

Il est donc convenable d'opposer des digues à ce torrent. C'est aux habiles Connoisseurs d'élever leurs Voix contre des coutumes abusives : C'est aux Académies de protéger les efforts des Partisans du bon Goût ; & à tout homme capable de sentiment, de se déclarer hardiment pour la vérité.

F I N.

VU l'Approbation. Permis d'imprimer. A Lyon, le 4. Juin 1746.

DELAFFRASSE,

LIBRARY OF DAVIDSON COLLEGE

Books on regular loan may be checked out for **two wee**
must be presented at the Circulation Desk in order to be rene

A fine is charged after date due.

Special books are subject to special regulations at the dis
the library staff.